Sebastian Friedrich

Lexikon der Leistungsgesellschaft

Wie der Neoliberalismus unseren Alltag prägt

*Sebastian Friedrich
ist Redakteur bei ak –
analyse & kritik und bei
kritisch-lesen.de.
Er ist Verfasser der
Kolumne »Lexikon der
Leistungsgesellschaft«,
die zwischen April 2013
und August 2016 bei ak
erschien.*

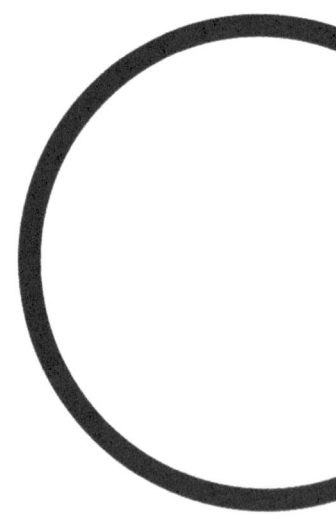

Sebastian Friedrich

Lexikon

der Leistungsgesellschaft

Wie der Neoliberalismus unseren Alltag prägt

edition
assemblage

Bibliographische Information der Deutschen Bibliothek: Die Deutsche Bibliothek verzeichnet diese Publikation in der Deutschen Nationalbibliographie; detaillierte bibliographische Daten sind im Internet über http://dnd.ddb.de abrufbar.

1. Auflage, 2016
ISBN 978-3-96042-001-9
© edition assemblage
Postfach 27 46 | D-48014 Münster
Mitglied der Kooperation book:fair

info@edition-assemblage.de
www.edition-assemblage.de

Fotos und Lektorat: Johanna Bröse
Titelgestaltung & Satz: kv
Druck: CPI Clausen & Bosse, Leck
Printed in Germany 2016

Inhalt

Vorwort

Erwischt – so fühlt man sich bei nicht wenigen Beiträgen aus dem Lexikon der Leistungsgesellschaft von Sebastian Friedrich. Natürlich, man findet diese Hipster schlimm, die mit ihren Rennrädern (oder diesen Dingern ohne Bremsen und Schaltung, die angeblich die Fahrradkuriere in Kalifornien fahren) so lässig die Treppenhäuser der Altbauten hochlaufen. Das Problem: Vor dem Haus steht das eigene Rennrad. »Ich fand die schon immer gut« behauptet man gegenüber seinen Freunden, und wird dann von Friedrich bei eben dieser Selbstlegitimation böse ertappt. Im Lexikon der Leistungsgesellschaft bekomme ich locker das halbe Alphabet voll. Mehr als ein Dutzend Arbeitsverträge habe ich als »Nachwuchswissenschaftler« (Buchstabe N) in den letzten zehn Jahren unterschrieben, immer mit dieser trügerischen Hoffnung, dass sich der Grad der Selbstausbeutung verringern wird und irgendwann die feste Stelle winkt. Damit ist man nicht allein, sondern es ist ein allgemeines Phänomen: Man sagt bei zu vielen schwachen Vorträgen »das finde ich wirklich spannend«, irgendwann findet man selbst die ödeste und affirmativste Forschung irgendwie interessant, sofern sie ein Versprechen auf Broterwerb bringt. Man versucht das Ganze dann wenigstens

9

mit Ironie (Buchstabe I) abzufedern. Die naive Auto-
suggestion des Nachwuchswissenschaftlers führt
aber zu latenter Autoaggression. Viele fangen dann
an zu laufen, wollen irgendwann endlich mal einen
»Marathon« bestehen (Buchstabe M) – und entsprechen in der Flucht vor dem Leistungsprinzip diesem
umso mehr. Geht einem auf der Arbeit permanent
die Puste aus, so will man wenigstens in der Freizeit
einmal (natürlich nur für sich) durchs Ziel laufen.

Wie kann es kommen, dass so Viele, und ja, auch
diejenigen, die sich für besonders kritische Geister,
NonkonformistInnen, gestandene AntikapitalistIn-
nen oder Ähnliches halten, mitunter so brav, so lapi-
dar den Neoliberalismus in ihre Alltagspraxis mit
vollziehen? Und manchmal schlimmer noch: Gerade
ihre vermeintliche kritische Haltung gegenüber der
Gesellschaft sie zur Avantgarde der neoliberal ent-
grenzten Leistungsgesellschaft werden ließ? Die
Antwort ist nicht einfach, aber wie denn auch, wenn
wir noch nicht mal die Frage genau kennen – wenn
man nicht immer bloß Adornos Satz nach dem rich-
tigen Leben im Falschen wiederholen möchte.

Die hinterhältige List des Neoliberalismus hat bereits
zahlreiche AutorInnen beschäftigt. Sie alle widme-
ten sich der oben aufgeworfenen Frage nach den
Mechanismen der neoliberalen Verführung und Kol-
laboration. Für Pierre Bourdieu war der Neoliberalismus eine symbolische Gewalt, die uns zu »hinge-

nommener Komplizenschaft« brachte. Studien im Anschluss an Michel Foucaults Konzept der Gouvernementalität ließen AutorInnen die Mechanismen der Subjektivierung und Techniken der Selbstführung entschlüsseln.

Luc Boltanski und Evé Chiapello sahen im Kapitalismus eine perfide Maschine, die unsere Kritik am entfremdeten Leben in der industrialisierten Moderne aufnahm und uns mit einem Judo-Griff wieder auf die Matte kapitalistischer Vergesellschaftung warf: Die Ansprüche der Künstlerkritik – so nannten sie Boltanski und Chiapello – nach Authentizität, Flexibilität, Autonomie, Selbstverwirklichung, Ganzheitlichkeit wurden zu einer Ressource der Erneuerung des Kapitalismus.

Damit ist die Geschichte aber noch nicht zu Ende, und davon handelt das Lexikon der Leistungsgesellschaft: Die Künstlerkritik war ursprünglich eine Befreiung von den Fesseln der Normierung der Industriegesellschaft, aber ist in einer dialektischen Volte selbst wieder zu einer Fessel geworden, die das stahlharte Gehäuse des Kapitalismus wieder stabilisiert hat. Dieses ist jedoch nicht mehr bürokratisch oder dirigistisch aufgebaut, in ihm klappern nicht die Türen der Administration und der paternalistische Ton der ökonomischen und politischen Eliten ist sanfter geworden. Die Fesseln der Leistungsgesellschaft sind bunt und individuell, sie sind gesund, setzen auf unseren Spieltrieb und machen uns zu fröhlichen Kollaborateuren.

Das Lexikon der Leistungsgesellschaft ist keine weitere theoretische Abhandlung, hiervon gibt es reichlich. Sie gibt auch keine fertigen Antworten oder Anleitungen, sondern sie ist eine lustige, genau beobachtete, Ambivalenzen zulassende Autopsie der Leistungsgesellschaft, die Aufklärung im besten Sinne ist: weil sie uns zur Selbstbeobachtung führt, die nicht moralisch urteilt, sondern erst einmal nicht mehr als die Verstrickungen in die Leistungsgesellschaft aufdeckt, in die wir uns manches Mal so gerne hineinbegeben.

Oliver Nachtwey

Oliver Nachtwey ist Ökonom und Soziologe. Er ist Fellow am Frankfurter Institut für Sozialforschung und hat zuvor an den Universitäten Jena, Trier, Darmstadt und Frankfurt am Main zu Arbeit, Ungleichheit, Protest und Demokratie gelehrt und geforscht. Im Mai 2016 erschien bei Suhrkamp sein Buch »Die Abstiegsgesellschaft: Über das Aufbegehren in der regressiven Moderne«.

Aus|lands|auf|ent|halt

Besonders angehende Studierende zieht es nach der Schule in die weite Welt. Die Möglichkeiten, sich dadurch die erhofften Wettbewerbsvorteile auf dem Karrieremarkt zu verschaffen, sind zahlreich: Sie reichen vom kompletten Studium im Ausland bis hin zu kurzen Stippvisiten. Um die Vita aufzupeppen sind Praktika oder Sprachreisen besonders gern gesehen, weshalb sich viele Reiseveranstalter seit einigen Jahren auf dieses Segment konzentrieren. So wirbt ein auf das berühmte Konzept »Work-and-Travel« und Freiwilligendienste spezialisierter Veranstalter, Auslandsaufenthalte seien schon »fast ein Must-Have« für den Lebenslauf.

Das Unternehmen verspricht: »Bei deiner zukünftigen Stellensuche, in deinem Lebenslauf und in Bewerbungsgesprächen wird es dir auf jeden Fall positiv ausgelegt werden, wenn du schon im Ausland gearbeitet hast. Neben der dazugewonnenen interkulturellen und sozialen Kompetenz für unsere globalisierte Gesellschaft werden sich also auch deine Chancen auf dem Arbeitsmarkt verbessern!«

Die Angebote für mehrmonatige Aufenthalte kollidieren jedoch mit dem ebenso verbreiteten Wunsch, nach dem Turbo-Abitur auch das Studium so schnell wie möglich abzuschließen. Abhilfe schaffen die

immer populäreren Kurztrips. Vier Wochen Sozialarbeit mit Kindern in Togo zum Beispiel kosten weniger als 1.000 Euro. Besonders praktisch bei diesen Angeboten: Zur Auslandserfahrung gibt es noch verbrieftes soziales Engagement dazu.

Das NDR-Magazin Panorama widmete sich dem Thema in einem Beitrag, der Ende 2013 erschien. Die Journalistinnen Anna Orth und Pia Lenz besuchten hierfür eine Infomesse in Berlin, die etwa Freiwilligendienste in Kinderheimen oder Schmetterlingsfarmen denjenigen schmackhaft machte, »denen die soziale Komponente im Lebenslauf noch fehlt«, wie die Sprecherin eines Reiseveranstalters es ausdrückte. Außerdem begleiteten die Journalistinnen mehrere Abiturientinnen bei deren Auslandstrips. Doch die zeigten sich zum Teil enttäuscht, zum Beispiel von den Reaktionen der Kinder in einem ghanaischen Waisenhaus. Denn die süßen, kleinen Kinderlein waren gar nicht so beeindruckt von den sozialen Fähigkeiten der jungen Frauen. Verwöhnt seien die Kinder und nicht wirklich dankbar, monierte darauf eine der Lebenslaufoptimiererinnen. Trotz dieser bedauerlichen Erfahrung dürfte die junge Frau letztlich zufrieden mit dem Eintrag in ihrer Vita sein.

Busi|ness Punk

Business Punk ist ein alle zwei Monate erscheinendes Wirtschafts- und Lifestylemagazin. Laut dem Verlagshaus Gruner und Jahr richtet sich das Magazin an diejenigen, für die »ein Job mehr ist als nur ein Job, weil er sie antreibt und zum Leben dazugehört. Für alle, die bereit sind, sich in ein Projekt richtig reinzuknien, und für die Uhrzeiten nur eine Art Richtgeschwindigkeit sind und Schlaf ein notwendiges Übel ist – weil sie nach dem Büro lieber mit Kollegen und Freunden feiern. Auch mal bis in den frühen Morgen.« Der typische Business Punk ist ein tätowierter, bärtiger Hipster, der unter der Woche Kilometer auf dem Laufband macht, hart in seinem Creative-Media-Job arbeitet, darin voll aufgeht und sich am Wochenende mit Koks bis zum Anschlag auf Partys rumtreibt. Der Business Punk ist ein Rebell – jemand, der gerne mal die Regeln bricht, ein Nonkonformist.

Und er ist Chef. Business Punk erinnert sein Publikum in einem Beitrag über unterschiedliche Praktikantentypen daran, dass es selbst auch mal ein Praktikum machen musste, und verrät: »Auch das Praktikantenhaben ist – Überraschung! – nicht immer ein Zuckerschlecken.« So passt die 1990er-Jahre-Karikatur des modernen, weltoffenen, crazy

Unternehmers immer noch in die Zeit. Während sich in dem Magazin NEON die Generation Praktikum noch selbst therapiert, bespricht man in Business Punk die Probleme der StartUp-Chefs. Welche Zielgruppe im Fokus steht, verraten die Anzeigen: Dicke Autos von BMW bis Mercedes Benz sprechen bestimmt nicht das in Wohngemeinschaften lebende akademische Prekariat an.

Der Business-Punk-Chef von heute ist nicht nur sportlich, locker und lustig, sondern ein Kosmopolit. Er ist ein aufgeschlossener Vorgesetzter, der seinen Untergegebenen kreative Freiräume ermöglicht, sich als liberal und antirassistisch versteht, ein Dutzend Kickertische in seinem Unternehmen aufstellt, ständig Clips und Pics an seiner Facebook-Pinnwand postet und liebend gerne an der firmeneigenen Fruchtsaftbar über die letzte Folge von HalliGalli oder über Jan Böhmermann sinniert.

Doch auch im Jahr 2016 ist der Business Punk vor allem eines: männlich. Nicht von ungefähr schmiss Gruner und Jahr Business Punk zeitgleich mit dem Grill-Magazin BEEF, dem Magazin »für Männer mit Geschmack«, und der Gala Men auf den Markt. Auch Business Punk ist ein Männermagazin, in dem Frauen selten als Unternehmerinnen porträtiert werden. Das Magazin mit dem Untertitel »Work Hard. Play Hard« beschäftigt sich dafür umso häufiger mit Sekretärinnen oder affärenkompatiblen Freundinnen der Kollegen, mit denen der Business Punk von heute zwar gerne fickt, aber nicht so gerne zusammenarbeitet.

Der Business Punk des 21. Jahrhunderts zog sich den Stock aus dem Arsch, den er von den übergewichtigen, Zigarre rauchenden und spießigen Chefs der 1950er Jahre geerbt hatte. Er ist hedonistisches Alphamännchen der kreativen Elite einer urbanen, sich als kosmopolitisch begreifenden Generation. Ansonsten bleibt alles beim Alten. Business Punk ist das Magazin für marktkonforme Nonkonformisten.

cof|fee to go

Kaffee gilt seit jeder als Genussmittel und ob des leistungssteigernden Koffeins auch als Lebenselixier schlechthin. Er ist damit auch ein zentrales Getränk der urbanen Leistungsgesellschaft, dem in den hippen Büros der StartUp-Unternehmen höchstens durch die immer populärer werdende Club Mate der Rang abgelaufen wird. Erfunden wurde der coffee to go bereits in den 1980er Jahren in den USA. In Deutschland war es Tchibo, das 1996 erstmalig einen »Kaffee für unterwegs« anbot, bevor die Unternehmerin Vanessa Kullmann nach US-amerikanischen Vorbild in Ham-

burg den ersten ausdrücklichen Coffeeshop eröffnete. Mittlerweile existieren in Deutschland etwa 1.600 solcher Coffeeshops beziehungsweise Cafébars. Manche sehen darin ein weiteres Indiz für den Untergang des Abendlandes, da zugleich vornehme Kaffeehäuser mit klassischer Musik aus den Innenstädten durch moderne Coffee-Häuser ersetzt werden, die speziell von jungen Menschen frequentiert werden.

Der Erfolg des Mitnehm-Kaffees in den vergangenen Jahrzehnten ist Ausdruck einer auf Flexibilität, Individualität und Beweglichkeit setzenden Gesellschaft. Der Pappbecher verspricht im Gegensatz zum Porzellanbecher genau dies. Tatsächliche Mobilität während des Kaffeekonsums ist allerdings nicht ausschlaggebend, was sich etwa während der »rush hour« in Kantinen und Mensen beobachten lässt: Die Mülleimer sind randvoll gefüllt mit Pappbechern, die an Ort und Stelle gekauft – und geleert wurden. Der coffee to go ist damit auch Symbol der Beschleunigung. Der Soziologe Hartmut Rosa vertritt die These, dass durch den technischen Fortschritt der Moderne kein Zeitgewinn, sondern vielmehr eine Zeitknappheit entstand. Die Entwicklungen, etwa die im Kommunikationsbereich, führten zu einer Vielzahl aufgezeigter Lebensmöglichkeiten, die aber in einem Menschenleben nicht wahrgenommen werden können. Hier kommt das Slippery-Slope-Phänomen ins Spiel: Ausruhen bedeutet einen Nachteil, weil in dieser Zeit keine der unzähligen Möglichkeiten wahrgenommen werden können. Die Angst, abgehängt zu werden, wird zum stetigen Begleiter des Alltags. So entsteht der Zwang zur Ruhelosigkeit. Und wie ließe sich dieser besser aufrechterhalten als mit einem ordentlichen Koffeinschub?

Wo man früher in aller Ruhe in extra dafür vorgesehenen Räumen auf schweren Polstersesseln Platz nahm, muss man heute einen Pappbecher in der Hand halten, um nicht den Eindruck vor sich selbst und anderen zu erwecken, still zu stehen. Der coffee to go in der Hand symbolisiert Dynamik, Bewegung, Mobilität, Schnelligkeit und Leistungswilligkeit. In ihm verdichten sich die Ansprüche und Versprechen der Leistungsgesellschaft.

Do|ping

Doping wird gemeinhin mit Sport assoziiert. Wird ein Dopingfall aufgedeckt, geraten schnell die Sporttreibenden und ihr näheres Umfeld in den moralinsauren Fokus – nicht aber der dahinter stehende Markt, auf dem fortwährend Höchstleistungen erwartet werden. Diese Doppelmoral wurde vor ein paar Jahren eindrücklich sichtbar, als die öffentlich-rechtlichen Fernsehsender aus der Berichterstattung zur Tour de France ausstiegen. Als hätten sie vom systematischen Doping beim Vorzeigerennstall Team Telekom zuvor nichts mitbekommen und von den resultierenden Leistungen nicht auch profitiert, positionierten sich die ARD-Sender als Vorreiter im Kampf gegen Doping.

Aber in Leistungsgesellschaften wird Doping nicht nur im Sport, sondern auch in der Arbeitswelt eingesetzt. Auch unter mehr und mehr Studierenden sind »study drugs« wie Ritalin immer populärer. Eine Studie der Universität Bielefeld ergab sogar, dass von 3.000 zufällig ausgewählten Studierenden etwa 40 Prozent mindestens einmal zu Hirndoping gegriffen haben – etwa ein Viertel sogar mehr als dreimal. Über derartiges Doping wird zwar zuweilen berichtet, doch wird das Problem nahezu ausnahmslos karriereorientierten Studierenden, Freischaffenden oder Führungskräften zugeschrieben. Was kaum Beachtung findet: Auch bei Reinigungskräften oder im Pflegebereich greifen Angestellte vermehrt zu Substanzen zur vorübergehenden Leistungssteigerung. Das Doping ist dabei für viele ein Mittel, um den gestiegenen Anforderungen im Zuge von Rationalisierungsmaßnahmen gerecht zu werden oder um genügend Kraft zu haben, notwendige Nebenjobs machen zu können.

Während im Sport Dopingtests an der Tagesordnung sind, wird Arbeitsdoping nicht kontrolliert.

Im Gegenteil: Wer besonders viel leistet, gern unbezahlte Überstunden macht oder schneller als andere
arbeitet, gilt als vorbildlich und fleißig. Das in der
Sportsoziologie bekannte Goldman-Dilemma belegt,
dass etwa die Hälfte der Hochleistungssportlerinnen
und -sportler für eine Goldmedaille bei den Olympi-
schen Spielen sogar dann Doping nehmen würden,
wenn ihnen aufgrund der Dopingeinnahme binnen
fünf Jahren der Tod droht. Ob in der Arbeitswelt eine
ähnliche Opferbereitschaft vorliegt, wurde bisher
nicht untersucht.

Er|näh|rungs|be|wusst|sein

Die etwas Älteren erinnern sich vielleicht an die
Anti-Cholesterin-Welle vor einigen Jahren. Plötzlich
musste bei jeder Gelegenheit die Frage beantwortet werden, wie viele Eier man pro Woche verzehre.
Egal, welche Zahl genannt wurde: Sie war zu hoch.
Bei entsprechender Diagnose zogen sich die Augen-
brauen der cholesterinbewussten Mitmenschen bis
zum Scheitel.
Cholesterin ist mittlerweile nicht mehr als zentrale
Todesfalle im Bewusstsein der Menschen gespei-
chert. Ganz hoch im Kurs steht aktuell die Angst vor

Lebensmittelunverträglichkeiten. Zwar leidet kaum jemand an einer manifesten Laktoseintoleranz, aber immer mehr Menschen sind sich unabhängig von einer ärztlichen Untersuchung sicher, auch betroffen zu sein.

Ob nun frei von Laktose, Gluten, Industrieweizen, Kohlehydraten, Fett, Fleisch, Fisch oder sämtlichen tierischen Produkten: Verzicht liegt im Trend. Dazu kennen sich immer mehr Menschen bestens mit guten und bösen Fettsäuren, Proteinen, Vitaminen, Spurenelementen und den optimalen Essenskombinationen aus.

Ein lockeres Gespräch übers Essen verwandelt sich schnell in einen Fachaustausch auf Niveau eines Doktorandenseminars der Chemie. Wer nicht mitreden kann oder möchte, gerät rasch in Verdacht, nicht ausreichend auf sich zu achten.

Entlang subtiler Imperative, mehr Gesundheitsbewusstsein zu zeigen, geriert sich das ernährungsbewusste Subjekt als Gegenbild zum Chipstüten leerenden Fleischfresser aus der »Unterschicht«. Aber genauso wenig, wie es bei Ernährungsbewusstsein nur um den Wunsch nach körperlichem Wohlbefinden geht, ist der Drang nach Abgrenzung alleinig ausschlaggebend: Im Verzicht und in der Verwissenschaftlichung des Essens drückt sich die Verheißung eines langen, gesunden und aktiven Lebens aus. Live slow, die old, denn schließlich ist in der weitgehend

säkularen Leistungsgesellschaft auf einen lieben
Gott im Himmel wenig Verlass.

Dass Fitnessstudios die Kirchen von heute sind,
hängt auch mit dem geänderten Verständnis von
Solidarität zusammen. Heutzutage gilt ein ungesun-
der Lebenswandel als äußerst unsozial.

Wer noch raucht, ist eine ungeheure Last für die
Gesellschaft, schließlich ist allerorts zu hören, wie
viel Geld der quälende und qualmende Krebstod die
Gemeinschaft kostet. Wer Fleisch aus Massentierhal-
tung konsumiert, ist für die Hormon- und Pestizid-
belastung des Ökosystems verantwortlich. Ganz zu
schweigen von den Übergewichtigen, die früher oder
später der Gesellschaft zu schwer auf der Tasche liegen.

Moralisch ist das moderne Ernährungsbewusstsein
auch in einer anderen Hinsicht: Viele derjenigen, die
zu den gesunden Bioprodukten greifen, tun dies mit
der inbrünstigen Überzeugung, damit einen kleinen
Beitrag zur Verbesserung der Welt zu leisten. Nur
zu gerne übersehen die Ernährungs- und Konsum-
bewussten: Auch die glücksversprechenden hyper-
gesunden, veganen Produkte werden häufig auf die
gleiche Weise produziert wie die verhassten, unge-
sunden und unmoralischen Waren.

Flow

Ob am Arbeitsplatz, in der Beziehung oder beim Sport: Alle wünschen sich, einen Flow zu haben, selbst die, die diesen Begriff noch nie gehört haben. Durch den Glücksforscher Mihaly Csikszentmihalyi fand das »Flow-Erleben« Einzug in Fachdiskussionen der Psychologie und Pädagogik, als dieser damit vor mehr als 30 Jahren zunächst die Erfahrungen bei der Ausübung von Extrem- und Risikosportarten analysierte. Später griff die Hip-Hop-Szene den Begriff auf, um das Zusammenspiel von Text, Aussprache, Betonung, Stimme, Beat und Melodie zu beschreiben.

In Leistungsgesellschaften findet der Begriff hauptsächlich in Bezug auf die Arbeitswelt Anwendung. Der Flow beschreibt hier einen positiven »Arbeitsrausch«. Dieser interessierte auch schon Csikszentmihalyi in seinem Anfang der 1990er Jahre erschienenen Buch »Flow – Das Geheimnis des Glücks«, in dem er unter anderem von einem fordistischen Schweißer in einer Fabrik in Chicago berichtete, der sich voll und ganz für seine Arbeit begeisterte. Der Fabrikarbeiter sei ein Beispiel für einen Menschen, dem Arbeit allein ein Selbstzweck ist. Es gelang dem Fabrikarbeiter, selbst an einem fast unmenschlichen Arbeitsplatz, in einer unkrautüberwucherten Gegend, Flow-Erfahrungen zu machen, weil er

neue Handlungsmöglichkeiten entdeckte, um noch
schneller, effektiver und genauer zu schweißen.

Sind alle Arbeitsbedingungen perfektioniert und
liegt, wie bei dem Chicagoer Fabrikarbeiter, eine rau-
schende und fließende Persönlichkeitsstruktur vor,
steht dem gänzlichen Aufgehen in der Arbeit also
nichts mehr im Wege. Aus Perspektive des Arbeit-
gebers liegen die Vorteile auf der Hand: Lohnarbeit
erscheint nicht nur erträglich oder angenehm, sondern als der Ort, an dem vollste Zufriedenheit oder
gar permanentes Glück erreicht werden können.
Für den perfekten Arbeiter ist der Arbeitsplatz ein
Ort ohne Langeweile, ohne Versagensängste, an dem
er sich der Kraft der eigenen Kompetenz bewusst
ist und in jeder Situation selbstsicher und effektiv
agiert. Es ist die Suche nach neuen Herausforderungen, voll fokussiert und konzentriert auf die Tätig-
keit, die einst Arbeit genannt wurde. Es gibt keinen
Grund zur Sorge, denn alles ist im Lot. Dank der
gemachten idealen Erfahrung vergisst er die Zeit, die
Arbeitszeit. Atemlos im Delirium, im Rausch der Tat
konzentriert auf Produktion und Entwicklung. Alles
andere fließt dahin – auch die Frage, für wen und
was das alles.

Ge|walt|frei|e Kom|mu|ni|ka|ti|on

Gewaltfreie Kommunikation (GFK) ist ein von Marshall B. Rosenberg entwickeltes Konzept, mit dem mittels einer empathischen Kommunikation Konflikte gelöst werden sollen. Der Kerngedanke: Bei einem Konflikt schildern die beteiligten Parteien zunächst die eigene Beobachtung. Dabei müssen sie ihre Gefühle wahrnehmen und ihre Bedürfnisse erkennen. Schließlich bittet die eine Konfliktpartei die andere, dem eigenen Bedürfnis zu entsprechen. Folgt auch die andere Person dem Regelwerk und äußert ihr Bedürfnis, begeben sich beide Konfliktparteien in einen Aushandlungsprozess.

Elemente gewaltfreier Kommunikation finden auch in Feedback-Methoden Anwendung. Ein richtiges Feedback will gelernt sein und folgt bestimmten Grundregeln: Das Feedback muss erbeten sein, Verallgemeinerungen sind zu vermeiden, stets sollten Ich-Botschaften formuliert werden. Auch die Feedback empfangende Person muss auf den Verhaltenscode achten: Sie soll dankbar und lernbereit zuhören, darf sich nicht rechtfertigen und muss sich nach Erhalt des Feedbacks artig bedanken. Mit den niedlichen GFK-Tiermetaphern Rosenbergs ausgedrückt, geht es darum, dem Wolf eine Giraffe gegenüberzustellen. Das langhalsige Tier soll ein großes Herz haben, der Wolf hingegen eine große Schnauze.

Während Rosenbergs Hinweise für alltägliche Konflikte zwischen Einzelpersonen und in Gruppen möglicherweise hilfreich sein mögen, gerät GFK in der Betriebswelt zur Farce. Gerade dort entpuppt sich hinter der vermeintlich empathischen Hülle schnell ein Wolf im Giraffenkostüm. Es sollte bereits skeptisch machen, dass GFK-Workshops zu den meist angebotenen Wochenendseminaren für Angestellte in Leitungspositionen zählen. Man stelle sich einen Chef vor, der total gewaltfrei sein Bedürfnis formuliert, die Arbeitsprozesse zu rationalisieren, die Produktivität zu steigern, aber kein Interesse daran hat, gleichzeitig den Lohn zu erhöhen. Demgegenüber äußert die oder der Lohnabhängige das Bedürfnis nach mehr Gehalt und weniger Arbeitszeit. Ob da die Giraffensprache weiterhilft?

Auch in linken Zusammenhängen erfreut sich das Konzept großer Beliebtheit. So diskutierte vor einigen Jahren die anarchistische Monatszeitung Graswurzelrevolution darüber, ob die GFK nichts weniger als gelebte Anarchie sei. Wer sich ab und an auf Plena »antiautoritärer« Linker verirrt, dürfte schnell feststellen, dass vor lauter gewaltfreier Kommunikation oftmals der Gegenstand der Diskussion außer Acht gerät. Wer wie spricht, welche Regeln gerade missachtet wurden, ob das richtige Maß und die

Gewaltfreiheit noch eingehalten werden, sind häufig drängendere Fragen als die, welche die Sache betreffen: Empathisch und gewaltfrei entbrennt schnell eine Debatte darüber, wie über ein Argument diskutiert werden soll. Hier und dort soll der exzessive Verweis auf die Kommunikationsregeln von denjenigen, die keine sachlichen Argumente mehr anzuführen wussten, verwandt worden sein, um ihnen missfallende Positionen auszuschalten.

Auch die zur Schau gestellte Wertschätzung ersetzt die Bewertung. Alles gilt als verhandelbar. Wer nicht bereit ist zur Metareflexion, gilt als unempathisch, gar als gewaltvoll; wer ein Urteil fällt, wer nicht permanent darauf hinweist, jetzt aus rein subjektiver Perspektive zu sprechen; wer nicht jeden zweiten Satz mit »Meiner Meinung nach« oder »Ich habe das Gefühl, dass« einleitet, dem oder der wird Nachhilfe in GFK verordnet. Und so ersetzt die Form den Inhalt und linker Bürokratismus die tatsächliche Reflexion.

Hym|ne

Seit der Entstehung von Staaten dienen National-
hymnen dazu, bei staatstragenden Anlässen wie
Empfängen, Zapfenstreichen und Formel-1-Rennen
der Nation zu huldigen. Mittlerweile haben auch Firmen eigene Hymnen. In Leistungsgesellschaften dienen die Unternehmenshymnen der Corporate Iden-
tity: Angestellte sollen sich mit dem Unternehmen
identifizieren und durch das musikalisch vermittelte
Gefühl von Zusammenhalt motivierter arbeiten.
Der Kulturwissenschaftler Rudi Maier verortet die
Entstehung der ersten Firmenhymnen in den 1920er
Jahren bei IBM in den USA. Die Angestellten erhiel-
ten das Liederbuch »Songs of the IBM« – wohl auch,
damit sie die damals weit verbreiteten Arbeiterlieder-
bücher beiseitelegten. In Deutschland waren es Bosch
und die HypoVereinsbank, die das Firmenliedgut ein-
führten – allerdings erst Ende der 1990er Jahre.
Wer in das Firmenhymnengenre abtaucht, wird sich
in einer Welt der Innovation, der Zufriedenheit und
der unablässigen Motivation wiederfinden, in der
Vorgesetzte echte Kumpel sind. Alle sind ganz nah
an den Kunden und setzen sich gemeinsam für das
geliebte Unternehmen ein. So stehen bei der Hymne
der Firma Henkel die Gedanken nicht still, bei
EDEKA werden Lebensmittel und Kunden gleicher-

maßen geliebt und bei VW arbeitet ein »echtes Super-Team, das fest zusammenhält«. Das »Wir-Gefühl« bestimmt auch die Hymne von Kaisers Tengelmann: »Wir sind Kaisers Tengelmann. Und in unserer Familie kommt's auf jeden von uns an.« Doch bei Kaisers Tengelmann geht es um mehr als das: »Heute schreiben wir Geschichte und morgen fängt die Zukunft an.« In einer Kaufland-Hymne wird gesungen: »Ein Land, deine Welt, in der der Mensch noch zählt, ein Lächeln dich gewinnt und alle freundlich sind.«

Die Imperative der Hymnen sind dabei austauschbar: Sei motiviert! Gebe alles! Der Kunde ist König! Die Identifikation mit dem Unternehmen soll dies ermöglichen. Gebraucht werden hierfür nicht nur Arme und Beine, sondern auch die Köpfe – und das Herz. Vor allem im Dienstleistungsbereich bedarf es intrinsischer Zufriedenheit und Begeisterung für das Produkt, den Service, das Unternehmen. Das alles können die Kunden nur spüren, wenn die Euphorie echt, wenn sie authentisch ist. Die Unternehmen brauchen die Angestellten auf ganzer Linie, so auch das Credo eines Kaufland-Liedes aus dem Jahr 2003: »Doch ohne dich ist nichts zu machen, bist sehr wichtig sogar. Wir brauchen dich, mach mit, sag einfach ja! Dann sind wir die Nummer eins, bei unseren Kunden, ist doch klar.«

Iro|nie

In den vergangenen Jahren hatte die Ironie Konjunktur: Ob in TV-Shows, in Magazinen, bei Facebook oder Twitter, fast jedes Ereignis, fast jede Meldung wird irgendwo ironisiert – und das zumeist ohne sich mit den entsprechenden Inhalten auseinanderzusetzen. So arbeiten sich viele TV-Satireformate an der Durchschaubarkeit des politischen Establishments ab, ganze Magazine funktionieren nur auf Grundlage von ironisierter Abgeklärtheit gegenüber gesellschaftlicher und politischer Entwicklungen. In den Hintergrund rückt der politische Standpunkt, von dem aus eine Kritik formuliert wird. Was die Ironisierung bedeuten oder bewirken soll, weiß kaum noch jemand: Mit einer ironischen Distanzierung legt man nicht die eigene Position des Sprechenden offen, die ironische Aussage muss nicht der eigentlichen Überzeugung entsprechen, was die Ironie zu einer Grundhaltung in Leistungsgesellschaften macht.

Bereits 1993 kritisierte der US-Schriftsteller David Foster Wallace, selbst ein Meister der Doppeldeutigkeit, in einem Essay die allgegenwärtig uns tyrannisierende Ironie. Der unterdrückende Charakter der institutionalisierten Ironie liege darin, die Frage nach dem Standpunkt abzuschmettern, ohne auch nur im Ansatz auf den Inhalt eingehen zu müssen.

Während in der Kunst- und Literaturszene vor einigen Jahren die postironische Wende ausgerufen wurde, ist Ironie in Alltag und Medien immer noch allgegenwärtig. Richtete sich die Kritik an essentialistischen Verständnissen von Wahrheit einst gegen die bestehende Herrschaft, erweist sich postmoderne Ironisierung mittlerweile als herrschaftsförmig für den flexiblen Kapitalismus: Die »großen Erzählungen« wurden so lange zertrümmert, bis nichts mehr übrigblieb, für das es zu streiten oder gar zu kämpfen lohnt.

Zugleich werden die Endlosschleifen der Ironisierung den Anforderungen der Leistungsgesellschaft gerecht: Wer keine eindeutige Position bezieht, kann sich alles offen halten. Weil nicht ersichtlich ist, was Distanzierung, Kritik oder Standpunkt ist, kann man sich gegenüber einer Kritik daran weitgehend immunisieren – schließlich meint man alles ja irgendwie »nicht so«. Sich nicht festlegen zu müssen, heißt zugleich, keine Verantwortung für die eigenen Standpunkte und Handlungen übernehmen zu müssen.

Ironie kann ein Mittel sein, die beschissenen Verhältnisse besser zu ertragen – oder sogar deren Charakter offenzulegen. Doch der inflationäre Gebrauch der Ironie führte zu einem waghalsigen Tanz auf dem Vulkan zwischen Distanzierung und Affirmation. Die zwischenzeitlich etablierte Vulgärironie hat sich in einem Loop der Positionsspiele verrannt und verweist längst nicht mehr auf etwas, das es zu verkehren gilt. Die Ironie im eigentlichen Sinn ging dabei längst verloren. So gibt scheinbar intelligentes Augenzwinkern und tiefgründiges Zweifeln heute meist nur vor, sich auf etwas zu beziehen. Diese bedeutungslose »Ironie« spielt den bestehenden Verhältnissen schon lange keinen Streich mehr, sondern stabilisiert sie.

Jein

Schenkt man den verächtlichen Kommentaren in den bürgerlichen Feuilletons Glauben, ist insbesondere eines das allgegenwärtige Markenzeichen der »Generation Maybe«: die Entscheidungsschwäche. Auch die Werbebranche startete sofort Versuche, aus dem attestierten Generationenelend der Jein-Sager Kapital zu schlagen.

So warb Marlboro mit dem Werbeslogan »Dont be a maybe«. Im Herbst 2013 verbot das Landratsamt München die Kampagne. Begründung: Weil sie zu gut war. Die Werbung sei zu sehr dazu geeignet, Jugendliche zum Rauchen zu animieren, denn es werde suggeriert, Marlboro würde Zauderer in Macher verwandeln.

Selbstverständlich erkannte auch die Berufsbera-
tungsszene die Zeichen der Zeit und setzte Klarheit
und Entscheidungsstärke ganz nach oben auf die
Liste der Eigenschaften, die durch ihre Dienstleistun-
gen zu erlernen wären. Auf die Jein- und Maybe-Ge-
neration spezialisierte Entscheidungscoachs beraten
außerdem in Fragen des Freundeskreis-Manage-
ments und der Partnerschaft. Die Entscheidungen
fallen in diesen Bereichen ja auch nicht leicht: Will
ich mich völlig der neuen Bürgerlichkeit hingeben,
ein Hirschgeweih ins Wohnzimmer hängen (natürlich rein ironisch) und eine Familie gründen? Oder
soll ich mir erst einmal alles offenhalten in der Hoffnung, dass sich noch etwas Besseres ergibt? Welche
alten Freundschaften bringen mich wirklich weiter,
und welche schneiden bei der Kosten-Nutzen-Rech-
nung schlecht ab?

Dass das Jein gerade in Zeiten allgemeiner Unsicherheit einen Aufschwung erlebt, kommt nicht
von ungefähr. Eine einmal getroffene Entscheidung
schließt andere Möglichkeiten aus. So viele Optio-
nen, die nicht mehr genutzt werden können! Dabei
muss man doch flexibel bleiben.

Es soll sogar Linke geben, die sich ungern auf eine
Politgruppe festlegen und lieber in losen Zusammenhängen aktiv sind. Auch inhaltliche Fragen werden gerne mit einem schwankenden Sowohl-als-auch
beantwortet. Wer möchte schon auf eine Position

festgenagelt werden? »Wir mogeln uns so durch und warten auf unsere Gelegenheit«: Ein mitteljunger Aktivist, der inzwischen als Redakteur bei der linken Monatszeitung analyse & kritik arbeitet, erklärte 2009 in einer Ausgabe des Magazins Der Spiegel zur Generation Krisenkinder das Vielleicht zur Überlebensstrategie – bis das Nein wiederkommt.

Ist das Jein jetzt also gut oder schädlich für eine Linke, die die Verhältnisse, in denen der Mensch ein geknechtetes und so weiter Wesen ist, eigentlich gern umschmeißen würde? Soll sie wirklich alles auf eine Karte setzen – und so vielleicht alles verlieren? Ist es sinnvoll, in revolutionärer Pose mit dem Kopf durch die Wand zu rennen, oder wäre es nicht ratsamer, in Lauerstellung zu verharren, bis sich neue »diskursive Räume öffnen« und »Ereignisse ankündigen«? Schwer zu sagen. Einerseits und andererseits eben, für beides gibt es Argumente.

Kar|ri|e|re

Karriere leitet sich vom französischen carrière ab und bezeichnete einst eine Laufbahn unterschiedlichster Lebensbereiche. In Leistungsgesellschaften bezieht sich Karriere überwiegend auf den beruflichen Werdegang. Wie ein Rennpferd, das mit einer sogenannten Karriere aus dem Stand angaloppiert, ist für eine Bilderbuchlaufbahn ein schneller Start zu empfehlen. Doch dabei ist Vorsicht geboten. Es kann passieren, dass man aus dem Tritt gerät, in eine Karrierefalle tappt oder vom rechten Karriereweg abweicht. Ehe man sich versieht, findet man sich mitten in einem Karriereknick wieder.

Um das zu vermeiden, sollte man sich so früh wie möglich eine Strategie zurecht gelegt haben – am besten mit Unterstützung eines professionellen Karrierecoachings. Ganz hoch im Kurs stehen individuell angepasste Karriereprofile.

Der angebliche Maßanzug kommt jedoch beim genauen Hinsehen von der Stange, denn es wird das immer Gleiche empfohlen: eine harmonische Work-Life-Balance, lebenslanges Lernen sowie die Steigerung der Employability. Mehrere Standbeine zu entwickeln ist für diejenigen unabdingbar, die die Karriereleiter trittsicher immer weiter empor klettern wollen.

Denjenigen, denen eine Leiter auf Dauer zu vertikal ist, die nicht immer nur nach oben steigen wollen, bietet der flexible Kapitalismus die Möglichkeit horizontaler Karrieren: Zeitlich begrenzte Projektarbeiten, Berufswechsel, Quer- und Neueinstiege werden ebenso wie freiwillige Unterbrechungen immer üblicher, etwa um in der Freizeit einen sehr hohen

Berg zu besteigen, lange Strecken mit dem Fahrrad zurückzulegen oder monatelang in fernöstlichen Klöstern zu schweigen. Angenehmer Nebeneffekt: Solche Auszeiten machen sich gut in jedem Lebenslauf – und als Gesprächsthema in jeder Mittagspause.

Mehrgleisige, sogenannte diskontinuierliche Karrieren liegen im Trend jener Zeiten, in denen befristete Beschäftigungsverhältnisse zunehmen und die »Normalerwerbsbiografie« verdrängt wird. Da sind berufliche Patchworkidentitäten gefragt. Ob in der Bildungsarbeit, an der Hochschule, in der Burgerbude oder beim Versandhandel: Befristete Stellen, Leiharbeit und prekäre Selbstständigkeit werden immer mehr zur Norm. Immer weniger Menschen arbeiten innerhalb eines Berufsfeldes oder ein und desselben Unternehmens länger als eine Dekade. Wie praktisch, dass das auch immer weniger zu wollen scheinen.

Dazu passt: Verstärkt nehmen Berufstätige Festanstellungen als starr und beklemmend wahr. Im Vordergrund stehen Authentizität, Autonomie und die Suche nach sinnhafter Erwerbsarbeit. Dafür wird durchaus auf einst erkämpfte Mindeststandards verzichtet und die Arbeit auch mal, natürlich nur, »wenn es nicht anders geht«, in die Freizeit verlagert, denn ausgebeutet zu werden macht im besten Falle ja Spaß oder ist – noch besser – erfüllend.

Lie|be

Liebe bezeichnet die angeblich stärkste Zuneigung, die Menschen füreinander aufbringen können. Je unsicherer die Zeiten, je prekärer die eigene Existenz erscheint, desto mehr scheinen sich die Menschen nach dem zu sehnen, was gemeinhin unter Liebe verstanden wird.

Doch die Liebe hat es schwer im Kapitalismus: Das Konkurrenzdenken und die Ideologie des Individualismus, jene harmonisch klingende Begleitmusik zum alltäglichen Schrecken der Leistungsgesellschaft, machen nicht Halt vor den persönlichen Beziehungen. Warum sollten wir auch überall die Ellbogen gegen alles um uns herum ausfahren – und dann plötzlich in einer Liebesbeziehung alles, was wir seit unserer Kindheit mühsam erlernt haben, vergessen?

Auf der Suche nach freier Liebe probieren Menschen dann neue Beziehungskonzepte aus. Manche versuchen es mit Polyamorie oder einer offenen Beziehung, und verwechseln dabei allzu gerne freie Liebe mit der Möglichkeit der unverbindlichen Ausübung eines physiologischen Aktes. Doch auch die zur Schau gestellte vermeintliche Befreiung von Besitzdenken und Eifersucht findet nicht vor einer weißen Wand statt, sondern vor dem Hintergrund eines

45

Kapitalismus, der Flexibilität und Individualismus zum Leitmotiv gemacht hat.

Die stetige Suche nach dem Besten vom Besten verbindet sich mit den neuen Formen der Beziehungen: Wenn jemand besser kocht, philosophiert oder besser im Bett ist, kann er oder sie die Person, die gerade die Funktion ausfüllt, schnell ersetzen. Noch ein Vorteil: Man muss nie so ganz Schluss machen, sondern kann je nach Bedarf oder eigener Lage auf dem Markt die Cook-, Book- oder Fuckbuddies reaktivieren.

Das Management der Teilbereichsbuddies kostet Zeit, manchmal so viel, dass die Beteiligten vor lauter individueller Befreiung die gesamtgesellschaftliche vergessen. Erschwerend kommt hinzu, dass der derzeitige Kapitalismus nicht nur von angeblicher Freiheit und Zügellosigkeit geprägt ist, sondern auch Unsicherheit schafft: Befristete, niedrig entlohnte und von mangelnder rechtlicher Absicherung geprägte Lohnarbeit wird für mehr und mehr Menschen zum Normalfall. Das wärmende Gefühl sozialer Sicherheit, das einem vor einigen Jahrzehnten zumindest vorgegaukelt wurde, wich einer klammen Abstiegsangst. Und die macht eben auch vor dem scheinbar Privaten nicht halt.

So befindet sich der Mensch im Neoliberalismus in einem ständigen Zwiespalt. Die Unsicherheit, die dieser verursacht, möchte man kanalisieren, möchte neobürgerlich mit Hirschgeweih im Wohnzimmer und Gartenzwerg im hippen »urban garden« mit drei Kindern, Vollbart und Strickpullover leben. Gleichzeitig möchte man schlafen, mit wem man will, tun, auf was man gerade so Bock hat. Einfach alles haben: Samstagnacht vollgekokst im Berliner Szeneklub Berghain wild feiern, heftig mit den Armen flattern, ungezügelt auf dem Klo ficken und am Sonntag gemütlich einen warmen Tee trinken, ein bisschen mit der Partnerin oder dem Partner unter der Kuscheldecke turteln und abends Tatort glotzen. Die Wünsche nach Feiern, Flattern und Ficken sind mit denen nach Tee, Turteln und Tatort nicht immer leicht zu vereinbaren. Und nicht selten stehen schließlich diejenigen, die alles wollen, mit nichts da.

Mar|a|thon

Der Marathonlauf ist mit 42,195 Kilometer eine der längsten Disziplinen des Langstreckenlaufs. In Leistungsgesellschaften symbolisiert ein erfolgreich absolvierter Marathon besondere Leistungs- und Leidensfähigkeit. Kein Wunder also, dass sich Marathonveranstaltungen im Laufe der letzten beiden

Jahrzehnte zu riesigen Massenaufläufen entwickelt haben.

Nahmen bei den ersten Marathons in New York und Berlin zu Beginn der 1970er Jahre jeweils nur etwa 100 Personen teil, sind es heutzutage weit über 40.000. Häufig wird diese Entwicklung mit einem gewünschten Ausgleich zu der in der Arbeitswelt verbreiteten Bewegungsarmut begründet. Doch der Boom des Marathons und des allmorgendlichen Laufens ist weit mehr als Kompensation für ermüdende Bildschirmarbeit.

In einem Werbespot der Commerzbank joggt noch vor dem Morgengrauen eine junge, den gängigen Schönheitsidealen entsprechende und perfekt trainierte Bankfilialleiterin durch Frankfurt am Main und denkt darüber nach, wie es angesichts der Krise mit ihrem Unternehmen weitergehen kann. Ihr Ergebnis: »Vor uns liegt ein langer Weg. Aber auch der beginnt mit dem ersten Schritt.«

Das Laufen symbolisiert Planungs- und Zielsicherheit, aber auch Weitblick und Selbstdisziplin. Ein gut trainierter Körper materialisiert den Erfolg, der keineswegs nur ein persönlicher ist. Wer regelmäßig läuft, beweist, über Grenzen hinaus denken, sich stets neue Ziele setzen und sich zum Erreichen des Erfolgs selbst quälen zu können. Kein optimales Selbstmanagement ohne Schmerzmanagement. Ausnahmslos Fähigkeiten, die auch im Beruf von

Vorteil sein können – sofern es den anderen im Büro und den Vorgesetzten nicht verborgen bleibt. Daher bietet es sich an, hin und wieder von den Fortschritten des Lauftrainings zu informieren. Besonders in Mode: Laufapp-Zwischenergebnisse in den sozialen Netzwerken posten und Motivations-Spruchpostkarten am Arbeitsplatz verteilen.

Seit einigen Jahren finden vermehrt Firmenläufe statt – zwar meist nur über etwa fünf Kilometer, dafür aber mit deutlich mehr Teilnehmenden. Beim größten deutschen Firmenlauf in Frankfurt am Main nehmen bis zu 70.000 Menschen teil. Mittlerweile gibt es auch eine Deutsche Firmenmeisterschaft, bei der die »die fittesten« Konzerne und Firmen, »die schnellsten« Angestellten, Chefs und Teams sowie das kreativste Laufoutfit prämiert werden. Hier verbindet sich dann das eigene Erfolgserlebnis mit der Zugehörigkeit zum Unternehmen. Ganz so, als hätten Angestellte und Vorgesetzte tatsächlich dasselbe Ziel.

Nach|wuchs|wis|sen|schaft|ler

In Leistungsgesellschaften genießen Personen, die mit Wissenschaft ihr Geld verdienen, weithin hohes soziales Ansehen. Doch in Sachen Entlohnung und

Sicherheit sieht es beim wissenschaftlichen Nachwuchs meist düster aus. Der Umbau der Institutionen und der Gesellschaft hat auch vor den Hochschulen nicht haltgemacht. Unbezahlte Überstunden, befristete Beschäftigungen, der Zwang zu Namedropping und Begriffsbranding prägen den Alltag vieler.

Da hierzulande unbefristete Stellen im Mittelbau weitgehend Fehlanzeige sind, bleibt für diejenigen, die auf eine Wissenschaftskarriere an Universitäten oder Hochschulen setzen, nur die Hoffnung auf eine der raren Professuren. Es gibt keine Karriereleiter, auf der man Schritt für Schritt aufsteigen und bei der man es sich auf einer mittleren Sprosse gemütlich machen könnte. Wer keinen rettenden Ruf auf einen Lehrstuhl erhält, lebt weiter materiell auf Studierenden-Niveau.

Mehr denn je gilt das Alles-oder-nichts-Prinzip: entweder ein feines Restaurant in Uninähe – oder lebenslänglich Spaghetti mit Tomatensauce.

Um die Chancen auf die ersehnte Professur zu erhöhen, muss der wissenschaftliche Nachwuchs Flexibilität und Anpassungsfähigkeit beweisen. Einerseits muss sich der Emporkömmling im Gespräch halten, regelmäßig schlaue Aufsätze veröffentlichen, an Konferenzen teilnehmen, den Kontakt zu den wichtigen Leuten halten und Begriffe wie am Fließband produzieren – in der Hoffnung, es möge wenigstens einer davon Eingang in den Kanon finden. Anderer-

seits darf er nicht negativ auffallen, es sich möglichst
mit niemandem verscherzen, denn wer weiß schon,
wer eines Tages im Nominierungsausschuss sitzt.

Angesichts prekärer Arbeitsbedingungen ist es für
viele an der Uni Arbeitende neben dem Prestige der
Idealismus, der sie in der Wissenschaft hält. Irgendwie macht man doch etwas Sinnvolles: kritische Wis-
sensproduktion und so. Doch das System der strategi-
schen Anpassung hat direkte Auswirkungen auf die
Forschung. Wer noch während der aktuellen befris-
teten Beschäftigung Anträge für die nächste befristete Stelle schreiben muss, hat sich in einem zunehmend auf Drittmittel fokussierten Unibetrieb an den
angesagten Themen zu orientieren.

Doch wer den letzten Scheiß beforschen muss, um
irgendwie über die Runden zu kommen, kann sich
dank der universitären Ideologieproduktion selbst
beruhigen. Schließlich gehe es um Subversion, heißt
es häufig.

Erst kürzlich klärte ein Nachwuchswissenschaftler am Rande einer hochwissenschaftlichen Tagung
über die Widerstandspotenziale seiner aktuellen
Drittmittelforschung auf: Er analysiert im Auftrag
der Bundesregierung oder irgendeiner Polizei die
Akzeptanz der potenziell zu kontrollierenden Bevöl-
kerung für die Einführung neuer Sicherheitsmaß-
nahmen. Spannend.

On|line-Da|ting

Die Orte, an denen nach schnellem Sex oder der langen Liebe gesucht wird, ändern sich fortwährend. Klassische Anbändelungsorte wie Discos, Hochzeiten anderer und Schützenfeste verlieren an Bedeutung, während sich immer mehr Menschen für die Partnerwahl in den virtuellen Raum begeben.

Dort gibt es eine große Vielfalt digitaler Singlebörsen: Hundefreunde daten sich bei datemydog.eu, Gothics bei gothic-singles.de, Nazis bei aryanblood.net, Golfverliebte bei golfkontakte.de, Pferdefans bei reitersingledates.de. Landwirte kommen bei farmersingles.de auf ihre Kosten und Bullen bei polizeisingles.de.

Wer das Risiko minimieren möchte, sich »nach unten« zu verlieben, kann sich bei ElitePartner.de »Akademiker und Singles mit Niveau« suchen. Ob das der geeignete Weg der Partnerwahl ist, spaltet die bürgerliche Gesellschaft. Die konservative Kulturkritik ist nicht begeistert. Ihr Vorwurf: Die digitale Kontaktaufnahme sei »unnatürlich«.

Ob natürlich oder nicht: Die digitale Partnerwahl kennt klare Kriterien, anhand derer die Kandidatinnen und Kandidaten beurteilt und bewertet werden. Wer Singles bei ElitePartner.de sucht, gibt ein paar Eigenschaften und Daten ein und findet ein Angebot unzähliger passender Partnerinnen oder Partner, die auch lieber in der ruhigen Stadtvilla als in der Künstlerwohnung wohnen, sich für Literatur, Galerien, Tauchen, Tennis interessieren, gerne in die Oper gehen und Boot fahren, finanziell abgesichert sind und »ehrgeizig-erfolgsorientiert«, »konkurrenzfähig-wettbewerbsorientiert« und »angesehen-geachtet« als Handlungsleitmotive angeben.

Herzstück von digitalen Partnerbörsen ist das Matching: Auf Grundlage eines Persönlichkeitstests werden ein Profil erstellt und potenzielle Bett- oder Lebensgefährten vorgeschlagen, die die Fragen ähnlich beantwortet haben. Eine hohe Matching-Zahl suggeriert: Ihr passt gut zusammen. Zur Optimierung der Partnerauswahl wird der Algorithmus stetig verbessert.

Einen Vorteil haben diejenigen, die die Marktlogik verstanden haben: Eine exakte Nachfrageanalyse und eine entsprechende Anpassung des Angebots können sehr schnell zum Erfolg führen: Ein bisschen ausgefallen sollte man sein, aber kein Freak, gebildet sowieso, aber nicht eingebildet, sportlich, aber auch mal abends genießen können, ambitioniert, aber nicht perfektionistisch.

Pro|kras|ti|na|ti|on

Prokrastination bezeichnet in der Psychologie das Verhalten, unangenehme Arbeiten und Entscheidungen aufzuschieben. In Leistungsgesellschaften tauschen sich vor allem Kreative, Studierende und Freelancer über ihre Aufschiebeerfahrungen aus, um die Lücke zwischen Anspruch und Wirklichkeit zu verarbeiten.

Die Aussage »ich prokrastiniere« meint allerdings nicht das eigentliche Hinauszögern, sondern das Ausüben von abseitigen Beschäftigungen, was dazu führt, dass die eigentlich zu erledigenden Tätigkeiten aufgeschoben werden müssen: etwa im Netz surfen, den Facebook-Status checken, total wichtige Telefonate führen, eine sehr lange To-Do-Liste erstellen, Essen kochen oder die Wohnung aufräumen.

Das Aufschieben ist kein Spezifikum des Neoliberalismus, denn Menschen verschieben seit jeher unangenehme Tätigkeiten auf die nächsten Tage oder spätere Stunden. Kinder spielen nach der Schule lieber mit anderen Kindern, schauen fern oder führen hundert wichtigere Dinge an, die sie tun müssen, anstatt Hausaufgaben zu machen oder ihr Spielzeug aufzuräumen. Erwachsene sitzen im Sommer lieber im Park, als dass sie im Büro Formulare ausfüllen, in einer Lagerhalle Pakete packen oder im Meldeamt stundenlang auf den nächsten freien Schalter warten.

Was lange als schlichtes Hinauszögern bekannt
war, wird seit etwa 2006 vermehrt Prokrastination
genannt. In Blogs, in sozialen Netzwerken oder in
gemeinsamen Pausen sind gewöhnliche Prokrastinationserfahrungen bevorzugtes Gesprächsthema.
Dass dieser Begriff in erster Linie bei (angehenden)
Akademikerinnen und Akademikern kursiert, ist
nicht allein auf die Art und Weise der (potenziellen)
Lohnarbeit zurückzuführen. Lateinisch klingende
Wörter versprühen mehr Glanz und dienen ganz
nebenbei der Abgrenzung zu denjenigen, die nicht
Speerspitze der Wissensgesellschaft sind. Das erklärt
aber nicht hinreichend, warum das Prokrastinieren
ein so beliebtes Thema ist.

Das offene Sprechen über all die schönen Tätigkeiten, die heute anstelle der unangenehmen erledigt
wurden, beunruhigt und beruhigt zugleich. Der
traurige, selbstkritische Verweis, heute wieder nicht
das geschafft zu haben, was man sich vorgenommen
hat, nach unten gezogene Mundwinkel, die sich fragen, was sie heute neben Facebook, Kaffee trinken
und Mails checken getan haben, sind Ausdruck der
berüchtigten Unabschließbarkeit in Leistungsgesellschaften: Egal, wie viel oder wenig man sich auch
vornimmt – es wird kaum genügen. Der Eindruck,
nie etwas zur vollen Zufriedenheit zu einem Ende

bringen zu können, führt in einen Sog, der einen unablässig hinunterzieht.

Doch die Selbstvergewisserung des eigenen Aufschiebens kann im Austausch mit anderen zugleich entspannend wirken. Wie schön ist es doch zu hören, nicht alleine mit diesem Problem zu sein, denn wenn alle prokrastinieren, ist das eigene Problem des ewigen Hinterherrennens zumindest relativ. Dieser fröhliche Austausch über das Prokrastinieren kann daher auch beruhigende Wirkungen haben – vorausgesetzt, das Gegenüber stimmt mit ein.

Quan|ti|fied Self

Die Quantified Self (QS) ist eine 2007 von zwei Journalisten des New-Economy-Zentralorgans Wired ins Leben gerufene Bewegung von Menschen, die sich vermessen (»Self-Tracker«) und die Messergebnisse mit anderen Self-Trackern und Softwareentwicklerinnen und -entwicklern auszutauschen.

Self-Tracker erheben Daten über ihre physische Situation, ihre emotionale Stimmung, ihre Finanzlage sowie ihr Erleben in der Umwelt. Dabei messen Self-Tracker etwa ihren Blutdruck, ihre Gemütslage, ihre Konzentrationsfähigkeit oder die Anzahl der gegangenen Schritte. Die Ziele des Vermessens sind es, das Wissen über sich zu perfektionieren und eine Verbesserung der gemessenen Werte zu erreichen. Hierzu erproben Self-Tracker bei Selbstexperimenten vielfältigste Techniken und Produkte.

Die erhobenen Daten sowie die Ergebnisse der Selbsttests tauschen die Self-Tracker in Blogs, bei regionalen Treffen (»Meetups«) und überregionalen Konferenzen aus. Eine der bisher größten Zusammenkünfte fand im September 2012 in Palo Alto in den USA statt; laut Messungen nahmen mehr als 600 Menschen teil. Im September 2012 wurde an der University of Applied Science im niederländischen Groningen das erste QS Institut eröffnet. Mittels unzähliger interdisziplinärer Forschungsansätze soll es die Grenzen zwischen Sport, Gesundheit und Technologie neu ausloten und einen Beitrag zur Förderung eines optimalen Lebensstils leisten.

Im Zentrum jeder Meetups steht das »Show and Tell«: In kurzen Präsentationen stellen Softwareprofis neue Apps zur Erhebung von Daten vor und Self-Tracker berichten über ihre Messergebnisse und Entdeckungen. Eines der berühmtesten Experimente innerhalb der QS ist der tägliche Konsum von Butterkaffee (mit Butter versetzter Morgenkaffee), der denen, die ihn genießen, helfen soll, ihre Leistungsfähigkeit anzukurbeln. Einigkeit besteht darin, dass Butterkaffee konzentrationsfördernd wirkt. Noch nicht abschließend erforscht ist allerdings, wie viel Gramm Butter zum morgendlichen Kaffee hinzugegeben werden sollen. Die optimale Dosis scheint irgendwo zwischen 40 und 125 Gramm pro Tasse zu liegen.

Mit Hochdruck arbeiten die Self-Tracker an der Weiterentwicklung der Rezeptur. Ein Blogger namens Caveman Klaus vermeldet, er trinke jeden Morgen hochwertigen organischen Kaffee mit exzellenter Butter aus Milch von hochmotivierten (Weide-) Kühen, die viel an der frischen Luft sind, sowie einer Dosis Kokosnussöl. Das bringe ihm fünf bis sechs Stunden pure Energie und kurble seinen Fettstoffwechsel an.

Renn|rad

Seit einigen Jahren sind in Großstädten vermehrt junge Menschen auf Rennrädern anzutreffen. Der Nutzen liegt auf der Hand: Ein Rennrad eignet sich im Vergleich zu einem gewöhnlichen Fahrrad als deutlich schnelleres Fortbewegungsmittel. Durch die tägliche Sporteinheit kann der mühselige Weg zur Arbeit oder zu Freundinnen zudem sinnvoll genutzt werden, um sich fit zu halten. So wurde das

Rennrad zum Statussymbol, ein Aushängeschild für Sportlichkeit. Für demonstrative Rennradfahrende hat zudem das geringe Gewicht der Rennräder einen praktischen Vorteil: Das Rad muss nicht neben all den anderen gewöhnlichen Rädern auf der Straße angeschlossen werden, sondern kann leicht geschultert in die Wohnung oder ins Büro getragen werden, wo auch Freunde und Kolleginnen bestaunen können, welch dynamisches Hobby man hat.

Die besonders Rennradaffinen tauschen sich in szenigen Fahrradläden mit anderen Menschen aus über Rahmen, Gangschaltungen oder perfekte Bremsen. Dabei kommt es keineswegs darauf an, die modernste Technik zu verwenden. Vielmehr genießen diejenigen hohes Ansehen, die die ausgefallensten Rennradelemente etwa aus den 1960er Jahren ersteigern konnten.

Als mehr und mehr Menschen sich ein altes Rennrad zulegten, kam zudem ein neuer Trend in Mode, um der Gewöhnlichkeit zu entgehen. Es standen Räder hoch im Kurs, die auf die notwendigen Elemente reduziert waren. Bei fixed-gear-bikes wurde die Reduktion auf die Spitze getrieben: keine Bremsen, Räder ohne Freilauf, keine Schaltung. Das spartanische Fixie verdichtet das Autonomiegelübde der Rennrad-Szene. Noch nicht einmal auf Gänge oder Bremsklötze sind die Rennradbegeisterten angewiesen, sondern allein auf sich selbst. In der Selbsthilfe-

Radwerkstatt – wo sich diejenigen treffen, die immer wieder betonen, Rennräder schon cool gefunden zu haben, bevor alle damit anfingen – begegnet die libertäre Do-It-Yourself-Alternativkultur dem Selbstbestimmung versprechenden Neoliberalismus.

Trendsetter des Rennrades für die kreative urbane Mittelklasse ist die Kurierszene. Der Beruf verspricht grenzenlose Freiheit und Individualismus, doch ist er bei genauerer Betrachtung ein Musterbeispiel für die Entgrenzung von Arbeits- und Privatleben. Völlig selbstbestimmt nutzen prekär Beschäftigte ihre Freizeit dafür, sich über die neuesten Entwicklungen ihres Arbeitsgerätes zu informieren, sich mit anderen auszutauschen, auf Treffen zu gehen und sich fit zu halten. Neben der unmittelbaren Ausbeutung während der Arbeitszeit dient die Freizeit nicht nur der Reproduktion der Arbeitskraft, sondern zugleich ihrer Optimierung. Dennoch erscheint diese Arbeit für viele attraktiv. Es soll eine sinn- und identitätsstiftende, weil nicht entfremdete, Arbeit sein. Doch das ändert nichts an der Ausbeutung: Fahrradkuriere strampeln fleißig im Niedriglohnsektor.

Selbst|kri|tik

Mittlerweile wird selbst in der Welt der Business Schools gelehrt, dass die Fähigkeit zur Selbstkritik zu den Kernkompetenzen einer guten Führungskraft zählt. Durch eine kritische Auseinandersetzung mit dem eigenen Tun würden Arbeitsprozesse beschleunigt, Kreativität angeregt und die Untergebenen motiviert, heißt es in Ratgebern. Aber auch für die individuelle Karriereplanung ist ein gehöriges Maß an Selbstkritik ein absolutes Muss.

Die selbstkritische Betrachtung zielt in Leadership-Kursen und Coachings darauf ab, die eigenen Schwächen, Stärken, Interessen und Ziele auszuloten, kurzum: die individuellen Karrierechancen zu verbessern. Selbstreflexion »ist eine arbeitsintensive, aber lohnenswerte Aufgabe und dient als grundlegende Voraussetzung für eine zielorientierte Laufbahnplanung«, heißt es in einem Handout einer Karrieretrainerin. Aber auch außerhalb der Geschäftswelt steht Selbstkritik hoch im Kurs. In Kneipen, Bars und WG-Küchen wird sich fleißig selbst hinterfragt: Ich hätte mal früher anfangen sollen, mich fortzubilden oder mich um Netzwerke zu bemühen, jetzt habe ich schon wieder nicht meine Tagesaufgaben erledigt, vielleicht bin ich einen Tick zu sehr dies und ein bisschen zu wenig das, und überhaupt bin ich meinen Aufgaben

gar nicht gewachsen, denn anstatt etwas zu leisten, schaue ich mir die ganze Zeit Katzenvideos an.

All das sind nur Gesprächsfetzen neoliberaler Kritik und Selbstkritik. Die ständige Selbstkritik ist verständlich: Die Vergegenwärtigung allgemeiner Anforderungen, man solle schleunigst etwas aus sich machen, Entscheidungen treffen und jederzeit aktiv und beweglich sein, kann zu jedem Tageszeitpunkt einen entspannt geglaubten Atemzug in ein bedrängtes Schnappen nach Luft verwandeln. Der Austausch über die alltäglichen Probleme kann ein Umgang sein, um mit den Unwägbarkeiten der Realität – zumindest kurzfristig – zurechtzukommen. Doch aus einem Instrument zur Selbsterkenntnis entwickelte sich ein bloßer Akt der Thematisierung des Selbst, der bei der bitteren Bilanzierung des eigenen Scheiterns stecken bleibt. Häufig verharrt der kritische Blick auf sich auf einer Ebene, in der Versagensängste und das Gefühl, unzureichend zu sein, nicht vor dem Hintergrund der sozialen Verhältnisse betrachtet werden. Meist ist nur die vermeintliche oder tatsächliche Nichterfüllung der Anforderungen Thema. Selten hinterfragt wird hingegen, was das für eine Gesellschaft ist, die allgemeine Unzufriedenheit hervorbringt. So wird aus Kritikfähigkeit schnell Anpassungsfähigkeit, mit dem (fadenscheinig nicht ganz ernst gemeinten) Rückzug auf das Motto »fake it till you make it«.

Ther|mo|mix

Seit über 50 Jahren werden Küchenmaschinen der Marke Thermomix hergestellt. Doch erst neuerdings ist ein steiler Anstieg der Verkaufszahlen zu verzeichnen.

Allein im Jahr 2013 verkaufte die Firma in Deutschland 200.000 Exemplare dieses Wunderwerks der Küchenkunst, und bei Facebook hat Thermomix Deutschland mehr Fans als jede im Bundestag vertretene Partei. Im Weihnachtsgeschäft betragen die Lieferzeiten für den mixenden, mahlenden, rührenden, kochenden, schlagenden, wiegenden und emulgierenden Thermomix mehrere Wochen. Die Produktionsleitung berichtet regelmäßig, kaum mit der Herstellung hinterherzukommen.

Der Boom der Apparatur weist Ähnlichkeiten zu dem der Mikrowellen in den 1980er und 1990er Jahren auf. Allerdings: Auch wenn heute knapp drei Viertel aller Haushalte eine Mikrowelle besitzen, sind die Geräte in Verruf geraten. Neben Mikrowellenstrahlungen und der Brandgefahr sind angebliche Nährstoffverluste der erwärmten Mahlzeiten die am häufigsten genannten Kritikpunkte.

Nicht nur mit der neuen Häuslichkeit der Neospießer lässt sich der Hype erklären. Der Thermomix bietet unzählige Möglichkeiten, Essen in der gesün-

desten Form zuzubereiten. Wer will, kann jede ein-
zelne Zutat selbst hinzufügen. Ganz Bewusste mah-
len sogar das Dinkel- oder Roggenkorn selbst. Da lebt
es sich gleich viel entspannter: Die Küchenmaschine
reduziert die Gefahr, von einem Pferd in der Lasagne
überrascht zu werden.

Schöner Nebeneffekt: Mit einer gesundheitsbewuss-
ten Ernährung lässt sich viel besser Marathon laufen,
hunderte Kilometer auf dem Rad zurücklegen oder
im Sommerurlaub ein wenig Wildwasserkajak fahren. Es zählt aber nicht nur, was dank der Küchenmaschine in den Menschen reinkommt, sondern
auch das, was sie nach außen verkörpert.

Während Mikrowelle und Auto wie keine anderen
Gegenstände den alten Kapitalismus symbolisieren,
sind die Must-Haves im modernen Kapitalismus
Küchenmaschinen und Rennräder. Zugleich dienen diese Devotionalien des sozialen Aufstiegs zur
Abgrenzung gegenüber jenen, die sich den weit über
1.000 Euro teuren Thermomix nicht leisten können – oder die weniger am Puls der Zeit leben.

Ein interessantes Detail: Es häufen sich Berichte
über kochwütige Männer, die stunden- und tage-
lang an neuen Kreationen zaubern, komplexe Fest-
tagsessen servieren und dafür unendlich viel Aner-
kennung beanspruchen. Während die fordistische
Hausfrau noch Essen machte, weil es notwendig
für Leben (und Lohnarbeit) war, macht der moderne

Mann nicht einfach essen, sondern: Er kreiert. Wie matt scheint doch die Pflicht der Reproduktion im Vergleich zum Glanz der Küchenkür. So braucht der gastrosexuelle Mann auch keinen verlängerten Penis mehr, der in der Garage vor sich hin rostet.

Un|ter|schicht

Als Unterschicht beschrieb die bürgerliche Soziologie ursprünglich die niedrigste Gesellschaftsschicht. In Leistungsgesellschaften dient eine angebliche Unterschichtskultur als ideologischer Stützpfeiler und Negativfolie, um gesamtgesellschaftlich Eigeninitiative, Selbstverantwortung und Leistungsorientierung zu mobilisieren. Bereits in den 1960er und 1970er Jahren entwickelte sich in den USA eine mediale Debatte um eine »neue städtische Unterklasse«. Konservative Publizisten polemisierten gegen den Wohlfahrtsstaat, der arme Menschen zu »Schmarotzern« erziehe. Zur Unterklasse wird seitdem ein weites Feld von Personengruppen gezählt: Sozialleistungsbeziehende, Drogen- und Alkoholabhängige, Sexarbeiterinnen, entlassene Strafgefangene, als psychisch krank geltende Menschen, Obdachlose, Schulschwänzer und Migrantinnen ohne Papiere.

Spätestens seit Anfang der 2000er Jahre gehören entsprechende Debatten auch in Deutschland zum medialen Alltagsgeschäft. Dabei wird eine vermeintlich leistungsunwillige oder gar leistungsunfähige »neue Unterschicht« identifiziert mit einer in sich geschlossenen minderwertigen Kultur – mit eigenen Codes und Geschmäckern.

Glaubt man den Bildhauern der Unterschichtskultur, sind die meisten Sozialleistungsbeziehenden faul, ungepflegt und tragen die meiste Zeit Unterhemden, sehen Trash-TV, konsumieren literweise Bier und kiloweise Chips und sind entsprechend übergewichtig. Kurzum: Die sogenannte neue Unterschicht macht den lieben langen Tag nichts Sinnvolles – und lebt auf Kosten anderer. Sie ist damit die Antipode zum Idealbild der Leistungsgesellschaft: arbeitsam, gepflegt, rasiert, konsum- und ernährungsbewusst – und natürlich sportlich; im Fernsehen laufen ausschließlich arte und 3sat. Im innerstädtischen Altbauviertel oder Reihenhaus wohnend, sucht der arbeitsame Bürger täglich nach neuen Herausforderungen und Aufgaben – um sich selbst und den Standort voranzubringen.

Der Diskurs um eine »Neue Unterschicht« stützt letztlich den Umbau des Sozialstaats von einem Wohlfahrtsstaat in Richtung eines Workfarestaats, in dem mehr Zwang zu Arbeit und Kontrolle herrscht. Keine Leistung ohne Gegenleistung, gemäß der Prä-

misse: Sozialleistungen lösten keine sozialen Probleme, sondern brächten diese erst hervor, weshalb Unterstützungsleistungen mit Arbeitsverpflichtung einhergehen sollen. Die Folgen einer derart ausgerichteten Sozial- und Arbeitsmarktpolitik haben vor einiger Zeit Arbeitssoziologinnen und -soziologen herausgearbeitet. Das Ergebnis: Ein Großteil der Beziehenden von Arbeitslosengeld II strebt nach Beschäftigung, die ihm zumeist nicht mehr beschert als prekäre Arbeitsbedingungen und verhältnismäßig niedrigen Lohn bei gleichzeitigem Profitzuwachs in vielen (vor allem exportorientierten) Branchen. Die »Neue Unterschicht« ist so gesehen eine permanent sich in Bewegung befindende Unterklasse, deren Existenz von Unsicherheit und Überausbeutung geprägt ist.

Ver|trag

Ein Vertrag ist eine freiwillige Übereinkunft zwischen mindestens zwei Parteien, durch die das jeweilige Verhalten mittels einer Selbstverpflichtung geregelt wird. Eine spezifische Form des Vertrags ist der Kaufvertrag: Eigentumswechsel oder die Inanspruchnahme einer Dienstleistung erfolgen durch

Willenserklärungen. In Leistungsgesellschaften findet eine Verallgemeinerung des Kaufvertragsprinzips statt, auch wenn Freiwilligkeit und Wählbarkeit nicht gegeben sind.

So werden auch im Jobcenter fleißig Verträge geschlossen. Die Absicherung der lebensnotwendigen Grundversorgung entwickelte sich im Zuge des grundlegenden Umbaus des Sozialstaats zu einer Leistung eines Geschäftsvertrags. Sie kann (de facto) nur dann erhalten werden, wenn mittels einer »Eingliederungsvereinbarung« eine Art Vertrag geschlossen wird.

Der Vertragscharakter suggeriert den euphemistisch als »Kunden« bezeichneten Leistungsberechtigten eine Verhandlungsposition auf Augenhöhe. Doch die »Willenserklärung« wird obligatorisch, die Freiwilligkeit zum Zwang, die Wählbarkeit praktisch aufgelöst und dadurch die Position auf der falschen Seite des Tisches manifestiert.

Sachbearbeiter, Arbeitsvermittlerinnen und Fallmanager können aufgrund vertragsähnlicher Vereinbarungen die Leistungen der Leistungsberechtigten kürzen. Durch diese Quasi-Willenserklärung verpflichten sich die »Kunden« entsprechend vertraglich, festgehaltenen Bemühungen nachzukommen und diese nachzuweisen. Das Mitspracherecht der »Kunden« beim Verhandlungspoker hält sich in sehr überschaubaren Grenzen. Ihnen bleibt kaum eine Alternative, als den Vertrag zu unterzeichnen.

Zwar besteht kein Zwang zur Unterzeichnung der Eingliederungsvereinbarung, in der Praxis wird die Unterschrift aber in den meisten Fällen gerichtlich durchgesetzt. Die Wahlfreiheit der »Kunden« beschränkt sich darauf, sich Nahrung und eine Unterkunft anderweitig zu organisieren – oder auf die Befriedigung der Grundbedürfnisse zu verzichten. Die Vertragsideologie führt aber nicht nur zur Verdeckung bestehender Ungleichheit, sie hat zudem einen erzieherischen Charakter. Ein eingehaltener Vertrag beweist die Fähigkeit zur Selbstverantwortung, was nicht nur im Jobcenter gelernt werden will. Längst werden in Erziehung, Bildung und der Sozialen Arbeit Verträge für alles Mögliche ausgehandelt. Schon im Kindergarten und in der Grundschule müssen sich Kinder als zuverlässige Vertragspartner beweisen.

Verträge darüber, wann die Kinder leise zu sein haben oder dass sie ruhig sein sollen, wenn Erwachsene sprechen, sollen zur realistischen Selbsteinschätzung, Selbstoptimierung und zur späteren Kundensouveränität beitragen. Wird der Vertrag nicht eingehalten, warten Sanktionen, die »rechtmäßig« sind. Schwerer als die zu erwartenden Repressalien dürfte allerdings das Versagen wiegen, sich nicht als homo contracticius bewährt zu haben und damit einem zentralen Leitbild der Leistungsgesellschaft nicht zu entsprechen.

White Trash Par|ty

Die deutsche Sprache kennt viele Bezeichnungen für Menschen unterer Klassen: »Assis«, »sozial Schwache«, »Prolls« oder – vermeintlich neutral – »Neue Unterschicht«. In den USA hat sich ein besonders eingängiger Begriff für weiße Arme durchgesetzt: »White Trash«. Doch der weiße Müll ist nicht nur ein Bezugspunkt für Hetztiraden auf Empfängen und in Schrebergärten – längst ist es zum Partyrenner geworden, sich auf sogenannten White Trash Partys herumzutreiben.

Auf der Website party-ideas-like-a-pro.com klärt Partyexperte Matt auf, welches Outfit man für eine solche Party zu wählen hat. Männer müssen Vokuhila, Schnurrbart, Truckermütze, zerrissene Jeans tragen; Damen empfiehlt Matt Schwangerschaftsbauch, Bikini und extrem viel Schminke. Der Experte legt außerdem den Partybegeisterten die »Billy Boy redneck teeth« ans Herz, ein Gebiss mit weit auseinanderstehenden, riesigen Zähnen. Für die Deko bieten sich NASCAR-Poster und Könföderiertenfahnen an. Da wird es aus einer White Trash schnell mal eine Redneck Party. Rednecks gelten gemeinhin als ungebildet, ungehobelt – und erzkonservativ. Sie sind das ideale Gegenstück für das hippe, urbane Kleinbürgertum, das seine Weltoffenheit und Liberalität so gerne zur Schau trägt – sich aber ungern mit den Lumpen abgibt.

Die White Trash Partys sind freilich kein Phänomen, das sich auf die USA beschränkt. Auch in Großbritannien feiern insbesondere studierende Schnösel sehr gerne verkleidet als »chavs«, als »Prolls«.

Und in Deutschland? Zwar findet sich kein Marius, der uns erklärt, wie man sich am coolsten als Jacqueline oder Kevin verkleidet. Allerdings kommen auch hierzulande Trash Partys immer mehr in Mode. Sie sind bisher noch nicht so explizit abwertend ausgerichtet, doch ein paar Vorstellungen davon, wie es sich in den unteren Klassen so lebt, werden auch auf hierzulande zelebriert. Jogginghose und Feinripp oder knallige Outfits, toupierte Haare und grelle Farben – die Devise lautet: wenigstens einmal so richtig assig und prollig sein. Sich mal ausgiebig über schnelle Autos unterhalten, rassistische Witze machen, sich boxen, die Freundin als »sexy Püppi« oder »meine Perle« bezeichnen und zu 90er Jahre Autoscooter-Techno tanzen – alles natürlich mit einem Augenzwinkern.

Dabei geht es nicht nur um Ironie. Auch nicht nur darum, sich aufzuwerten und abzugrenzen. Die Unterschicht, oder zumindest das, was darunter verstanden wird, steht nicht nur für Negatives, Abzulehnendes. Sie ist auch Symbol für triebhafte Zügellosigkeit, für etwas, was die Partyaffinen vielleicht unter der Woche nicht ausleben dürfen – in ihren Büros, ihren Ateliers, ihren Hörsälen, ihren Cafés, ihren Altbauten. Das ist keinesfalls ein neues Phänomen: Als sich zu Zeiten der Hochindustrialisierung das Bürgertum und die Bourgeoise für die Quartiere der Arbeiterklasse interessierten, assoziierten sie zweierlei mit »Slums«: Das Londoner East End oder auch später Berlin-Rixdorf galten nicht nur als gefährlich ob der dortigen Kriminalität oder ansteckender Krankheiten, es waren auch Orte des Lasters und der Sünde. Die (imaginierte) Zügellosigkeit der unteren Klassen faszinierte das Bürgertum, weil diese im pietistischen viktorianischen Königreich zwar Kohle hatten, aber immer mit der Hand auf der Bettdecke schlafen mussten.

Die Sehnsucht nach der Zügellosigkeit, vielleicht sogar nach der Faulheit umgibt auch heute die Trash Partys. Einmal mit trashigem Outfit und den lokalen Dialekt imitierend so richtig aus dem Rahmen fallen, wenn man doch sonst immer so bemüht ist, nirgends anzuecken. Einmal Kelly Bundy, Vicky Pollard oder Cindy aus Marzahn sein – und nicht immer tun, was der Chef und man selbst von sich erwartet.

XING

Während auf Facebook vor allem Lieblingslieder, Lieblingsurlaubsbilder, Lieblingsbinsenweisheiten und Lieblingshamstervideos ausgetauscht werden, geht es beim sozialen Netzwerk XING weniger flauschig zu. Unternehmen machen Werbung für ihre Veranstaltungen und suchen nach potenziellen Kunden und Geschäftspartnern; diejenigen, die sich beruflich »entwickeln« wollen, halten nach besseren Jobs Ausschau. Kurzum, es geht ums Business Networking, ums Klüngeln und Vetternwirtschaften, um die Erhöhung des Vitamin-B-Spiegels.

XING und vergleichbare Portale wie academia.edu und LinkedIn reihen sich in eine lange Tradition ein, denn wirtschaftliche und politische Eliten pflegen seit jeher ein enges Verhältnis. Im alten Rom traf sich die Upperclass auf den Marmorsitzen der Luxuslatrinen, um sich auszutauschen – und zusammen zu scheißen.

Der Ausdruck »ein Geschäft verrichten« erinnert an das gemeinschaftliche elitäre Kacken.

Zu Beginn des 20. Jahrhunderts entstanden in den USA Business Clubs. Zweck der Rotary- oder Lionsclubs ist es seither, gemeinsame Interessen auszuloten, Kooperationen zu schließen, nach win-win-Situationen Ausschau zu halten oder in klassisch ständischer Manier Karrierechancen zu erhöhen und liebe Verwandte irgendwo unterzubringen.

Doch wer meint, die Clubs gingen nicht mit der Zeit, irrt. Bereits seit 1989 dürfen beim Rotary Club sogar Frauen mitmachen. Die Öffnung wurde durch eine Entscheidung des obersten Bundesgerichts der USA ein wenig erzwungen, aber ganz weltmännisch und modern haben sich die Rotary-Männer mit leichter Verspätung an die Realität des 20. Jahrhunderts angepasst.

Bei XING wiederum durften sich von Anfang an sowohl Männlein als auch Weiblein präsentieren. Der digitale Business Club hat einige Vorteile: Im Rotary Club trifft man sich einmal die Woche, irgendjemand hält einen Vortrag über sein (sehr selten: ihr) Berufsfeld. Auf XING können alle zu jeder Zeit über sich und den aktuellen Stand der Karriere berichten. Ebenfalls praktisch: Die altmodischen Business Clubs haben lästige ethische Maßgaben. So lautet das Motto des Lions Club: We serve, wir dienen. Gemeint ist damit, dass sich die Clubmitglieder für wohltätige Zwecke einsetzen. So etwas geschieht in der Socialmedia-Welt etwas dezentraler – und weniger aufwendig. Das zur Schau gestellte gute Gewissen gibt es etwa bei Facebook bereits durch einen kurzen Gefällt-mir-Klick für eine Wohlfühlkampagne oder durch die Unterschrift unter einer unverfänglichen Petition.

Das bringt Credits, sowohl im Privat- als auch im Berufsleben. Einer Studie von TÜV und Statista aus dem Jahr 2014 zufolge checken 52 Prozent der Personaler die Facebook-Profile der Bewerbenden, ein Drittel schaut bei XING vorbei. Da heißt es dranbleiben: Alle Socialmedia-Auftritte müssen im Blick behalten werden. In jedem Fall sollte niemand auf XING verzichten, der oder die es zu etwas bringen möchte. Sonst reiht man sich eher bei denen ein, die man weder bei Rotary noch XING findet: Reinigungskräfte, Ungelernte und Erwerbslose.

Y.O.|L.O.

Vor mehr als 2.000 Jahren rief der römische Dichter Horaz in einem Gedicht die Menschen dazu auf, den Tag zu genießen. Im Laufe der Zeit verlor »carpe diem« im deutschsprachigem Raum die im besten Sinne hedonistisch angehauchte Konnotation. Nicht mehr das Genießen steht im Vordergrund; »carpe diem« wird gegenwärtig übersetzt mit »Nutze den Tag«, wenngleich eine gewisse Uneindeutigkeit bleibt. Eine Uneindeutigkeit, die auch bei dem neoliberalen Pendant vorhanden ist: Y.O.L.O., dem Akronym für »you only live once«, du lebst nur einmal.

Während bei Nachtclubs der Name Y.O.L.O. auf die Rechtfertigung für einen Absturz hindeutet, kann der Verweis darauf, nur dieses eine Leben zu haben, auch als Aufforderung verstanden werden, die gegebenen Möglichkeiten bestmöglich zu nutzen – privat und beruflich. In diesem Sinn lauten die Imperative: »Nutze deine Chancen!«, »Hol das Beste aus dir raus!« und »Reiß dir den Arsch auf!«. Allerdings setzt das Nutzen von Chancen voraus, dass ebendiese vorhanden sind – und erkannt werden. Gerade aus letzterem speist sich die Angst, etwas zu verpassen, die F.O.M.O. (»fear of missing out«).

»Eines Tages, Baby, werden wir alt sein und an all die Geschichten denken, die wir hätten erzählen können«, sagte, angelehnt an einen Popsong, die betont schüchterne 21-jährige Julia Engelmann bei einem Poetry-Slam-Wettbewerb und löste damit Anfang 2014 einen Youtube-Hype aus. In dem millionenfach angeklickten Clip benennt sie die Probleme eines Lebens im permanenten Konjunktiv.

Ganz nebenbei stellt sie dabei den Kanon der Möglichkeiten für den akademischen Teil der Multioptionsgesellschaft zusammen: auf Häuserdächer steigen, Marathon laufen und Buddenbrooks lesen. Außerdem fordert sie, dass »wir« uns endlich demaskieren müssen, womit sie letztlich den allgegenwärtigen Wunsch nach Authentizität und Selbstverwirklichung formuliert. Um all die Möglichkeiten zu nutzen, müssen wir selbstverständlich an uns glauben.

Eines möchte Engelmann nämlich nicht: wenn sie alt ist sagen müssen, dass sie bloß furchtbar faul »wie ein Kieselstein am Meeresgrund« war, dass sie ihrem Schweinehund nachgab, immer alles auf morgen verschoben und nicht alles gegeben hat. Sie möchte einsehen, dass das Hier und Jetzt ihre Zeit ist, dass sie jetzt jung und lebendig ist.

Wie das kleine süße Gedicht von Engelmann kann auch Y.O.L.O. verstanden werden als mehr oder minder subtil verpackter Arschtritt, schleunigst die To-Do-Liste des Lebens abzuarbeiten: Denk nicht darüber nach, dass du noch ein Bier im Park trinken möchtest, dass du noch coole Menschen kennenlernen könntest und dass du noch ein bisschen Karriere machen solltest, sondern tu es, damit du später auch was zu erzählen hast. So ist »you only live once« das Gegenstück zum »live fast, die young« und »no future« der Generationen zuvor.

Zeit|not

Die Klage über Zeitnot ist weitaus älter als der neo-
liberale Kapitalismus. Bereits Anfang der 1950er
schrieb der FAZ-Wirtschaftsredakteur Jürgen Eick
gegen die »Angina Temporis« an und bemerkte:
»Wir brauchen zu allem, was wir tun, weniger Zeit
und sind doch so knapp an Zeit wie keine Generation zuvor. Die Welt scheint verhext. Je mehr wir uns
eilen, um so weniger Zeit bleibt uns.«
Die »Angina Temporis« dürfte damals neben kon-
servativen Kulturkritikern vielleicht noch Führungs-
kräfte beengt haben, weshalb die ersten Zeitma-
nagementratgeber für Abteilungsleiter und Chefs
geschrieben wurden. Heute finden sich indessen
unzählige Bücher und Methoden für fast alle Lebens-
lagen und Zielgruppen.
Im Ratgeber »Zeitmanagement für Kids« erhalten
auch die Kleinen Tipps, wie sie ihre schulischen
Leistungen verbessern können. Selbstverständlich
geht es nicht nur um den Ernst des Lebens, der Ernst
soll vielmehr spielerisch angeeignet werden. Der
Ratgeber weiß: »Hast du erst einmal deinen inneren
Schweinehund besiegt, werden dir Dinge Spaß berei-
ten, die du heute noch ungern machst.«
Die aktuelle Zeitmanagementkonjunktur ist auf eine
Veränderung der Zeitökonomie zurückzuführen:

Einst waren es die Vorarbeiter und Chefs, die mittels Stechuhren die Beschäftigten kontrollierten und eine effiziente Arbeitszeitorganisation durchsetzten. Mittlerweile liegt die effektive Zeitorganisation zunehmend bei den Beschäftigten, was sich nicht zuletzt daran zeigt, dass Arbeitszeitregelungen zugunsten von Ziel- und Leistungsvereinbarungen in den Hintergrund rücken. Zeit bleibt somit ein Herrschaftsinstrument, auch wenn sich die Uhren nicht mehr in der Hand der Vorgesetzten oder überlebensgroß an der Wand der Werkhalle, sondern in den Händen und Köpfen der Beschäftigten befinden.

Zeit verliert damit nicht an Bedeutung, im Gegenteil: Aufgrund der Individualisierung der Verantwortung wird Zeitplanung zum Kernelement der Arbeit selbst. Allgegenwärtig ist die Befürchtung, die Zeit nicht effektiv zu nutzen. Trotz noch so effizientem Zeitmanagement, wenn etwa auf dem Laufband im Fitnesscenter einer Vorlesung mit dem iPod gelauscht wird, bleibt beharrlich die Unzufriedenheit, dass viel zu viel Zeit ungenutzt verstreicht. Eine optimale Zeiteinteilung ist in der Leistungsgesellschaft der nie zu erfüllende Maßstab – häufig nicht nur für die Arbeits- und Reproduktionszeit, sondern auch für die Freizeit.

Danksagung

Dieses Lexikon wäre nicht zustande gekommen, wenn ich nicht zahlreiche Unterstützung erhalten hätte. Allen voran danke ich der Redaktion der linken Monatszeitung ak – analyse & kritik. Dort durfte ich seit April 2013 für (fast) jede Ausgabe einen Lexikon-Beitrag verfassen. Die redaktionelle Bearbeitung der jeweiligen Beiträge hat diese deutlich verbessert. Verbessert haben die Einträge auch die unregelmäßigen Korrekturleserinnen und -leser. Andrea Strübe vom Online-Magazin kritisch-lesen.de hat bestimmt mehr als die Hälfte der Lexikon-Einträge kritisch gegengelesen. Auch Christian Baron, Martin Brandt und Jens Zimmermann haben unregelmäßig einen Blick über die Entwürfe geworfen oder mir Anregungen für neue Beiträge gegeben.

Ein besonderer Dank geht an Johanna Bröse, die die Fotos beigesteuert und das Lexikon abschließend lektoriert hat. Außerdem danke ich Oliver Nachtwey, dass er das Vorwort beigesteuert hat und mir bei der Gelegenheit nützliche Hinweise für die letzte Überarbeitung gab. Klaus Viehmann, einer meiner beiden Lieblingsgrafiker, hat das Buch wie immer wundervoll gesetzt. Dafür werde ich ihn bald auf eine Zigarette einladen. Gabriel Kuhn hat offensichtlich immer das Lexikon gelesen und mich stets freund-

lich gelobt. Damit er auch weiterhin mein Selbstbe-
wusstsein stärkt, was bekanntlich als halber Freelancer im Kapitalismus sehr wichtig ist, sei auch ihm
gedankt.

Schließlich möchte ich der Edition Assemblage herz-
lich danken. Sie haben mich überhaupt erst auf die
Idee gebracht, das Lexikon als Buch zu veröffentlichen. Der Verlag hatte mich für eine Veranstaltung
im Dezember 2014 nach Münster eingeladen. Ich
las aus dem Lexikon und diskutierte mit den Anwe-
senden nicht nur über die Leistungsgesellschaft,
sondern auch darüber, ob Linke im Laufe der vergangenen Jahre und Jahrzehnte die Perspektive, die
Gesellschaft grundlegend verändern zu wollen, verloren haben.

Letztlich geht es nicht nur darum, nicht vereinnahmt
zu werden durch den Neoliberalismus, auch nicht
nur darum, die vorherrschende Ideologie zu kritisie-
ren, sondern darum, den Kapitalismus zu bekämp-
fen. Wenn auch nur eine Person, die in diesem kleinen Lexikon geschmökert hat, ein ähnliches Fazit
zieht, hat das Buch seinen Zweck bereits erfüllt.

Berlin im August 2016

Auf kritisch-lesen.de werden
Rezensionen zu Büchern und Broschüren
veröffentlicht, die aktuelle Diskussionen
begleiten und anregen sollen.

www.kritisch-lesen.de

Torsten Bewernitz
Nothing in common?
Differänzen in der Klasse
212 Seiten, 16.80 €
ISBN 978-3-942885-84-3

„Die arbeitende Klasse und die besitzende Klasse haben nichts gemeinsam" lautet ein Prinzip des basisgewerkschaftlichen Syndikalismus. Um auf dieses Prinzip zu kommen, bedarf es aber eines bestimmten Verständnisses von dem, was Klassen sind. Das Arbeiter*innen und Unternehmer*innen nichts gemeinsam haben, ist durchaus nicht plausibel. Torsten Bewernitz macht sich auf die Suche nach dieser Struktur, aber auch nach den Widerständen und Bewegungen ...

Britta Steinwachs
Zwischen Pommesbude und Muskelbank
Die mediale Inszenierung der „Unterschicht"
157 Seiten, 16.80 €
ISBN 978-3-942885-91-1

Besonders quotenträchtig ist seit Jahren die RTL-Sendung „Familien im Brennpunkt". Hier werden frei erfundene Geschichten erzählt, die wie aus dem Leben gegriffen wirken sollen. Britta Steinwachs beleuchtet anhand von zwei „Familien im Brennpunkt"-Folgen, in welcher Weise darin Menschen aus der „Unterschicht" dargestellt werden und wie die strukturelle Verachtung der Armen (re-)produziert wird.

edition
assemblage

Kitchen Politics (Hg.)
**Sie nennen es Leben,
wir nennen es Arbeit**
Biotechnologie, Repro-
duktion und Familie im
21. Jahrhundert
152 Seiten, 9.80 €
ISBN 978-3-942885-86-7

Eine feministisch und mar-
xistisch inspirierte Analyse
des globalen Marktes für
Reproduktionstechnolo-
gien von MelindaCooper
und Catherine Waldby.
Für sie ist dieses Projekt
Ausgangspunkt grundle-
gender Analysen der aktu-
ellen Transformationen
von Arbeit, Reproduktion
und Familie.

Christian Baron &
Britta Steinwachs
Faul, Frech, Dreist
Die Diskriminierung von
Erwerbslosigkeit durch
BILD-Leser*innen
128 Seiten, 14,80 €
ISBN 978-3-942885-18-8

Der Erwerbslose Arno
Dübel hat es in der BILD als
„Deutschlands frechster
Arbeitsloser" zu medialer
Berühmtheit gebracht Die
Autor*innen untersuchen
Leser*innenkommentare zur
Berichterstattung über ihn
und verknüpfen die empi-
rischen Befunde mit der
Klassismus-Theorie, wodurch
sozialstatusbedingte Diskri-
minierungsstrukturen offen-
gelegt werden.

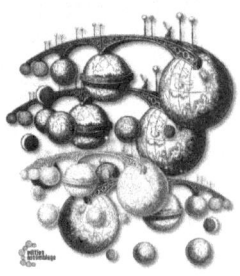

Sebastian Friedrich (Hg.)
Rassismus in der Leistungsgesellschaft
Analysen und kritische Perspektiven zu den rassistischen Normalisierungsprozessen der „Sarrazindebatte"
264 Seiten, 19.80 €
ISBN 978-3-942885-01-0

Das mediale Ereignis der »Sarrazindebatte« führte zu einer breiten gesellschaftlichen Verschiebung nach rechts, enttabuisierte rassistisches Denken und verband in besonderer Weise Rassismus mit Elite- und Nützlichkeitsdenken. Dieses komplexe Ereignis wird in 15 Beiträgen mit unterschiedlichen theoretischen Perspektiven kritisch analysiert.

jour fixe initiative berlin
»Etwas fehlt«
Utopie, Kritik und Glücksversprechen
288 Seiten, 19,80 €
ISBN 978-3-942885-40-9

Die Feststellung, dass eine andere Welt möglich ist, sagt noch nichts darüber aus, wie diese in ihren Grundzügen aussehen soll. So klar die Kritiken an den herrschenden Verhältnissen sind, so unklar bleibt die Vorstellung der Alternativen. Dieses Buch verbindet die theoretischen, historischen und aktuellen Diskussionen des Utopischen.
Mit Beiträgen von Bini Adamczak, Willi Hajek, Klaus Holz, Felicita Reuschling, Bernhard Schmid, Thomas Seibert u. a.